OBSERVATIONS

SUR LE TRAITÉ DE PAIX

DU 30 MAI 1814.

IMPRIMERIE DE FAIN, PLACE DE L'ODÉON.

OBSERVATIONS

SUR LE TRAITÉ DE PAIX,

DU 30 MAI 1814,

ENTRE LA FRANCE ET LES PUISSANCES ALLIÉES.

Par J.-C. BUREAU DE L'ÉCOTAY.

Inter spem curamque, timores inter et iras,
Grata superveniet quæ non separabitur hora.

A PARIS,

Chez DENTU, libraire, Palais-Royal, n°. 243,
Et chez les Marchans de Nouveautés.

1814.

OBSERVATIONS

SUR LE TRAITÉ DE PAIX,

DU 30 MAI 1814,

ENTRE LA FRANCE ET LES PUISSANCES ALLIÉES.

LA grande question qui avait agité si long-temps l'Europe vient enfin d'être décidée. Les politiques ont beaucoup parlé, mais encore plus écrit, pour démontrer quelles devaient être les limites des états. Le choc des opinions a donné le jour à des contestations sans nombre. Les frontières de la France ont été reculées, avancées, suivant les vues particulières ou les intérêts des hommes qui s'engageaient avec beaucoup d'ardeur dans la tâche, aussi difficile que pénible, de régler le sort des nations ; mais ils n'avaient point pénétré dans l'intérieur du conseil des monarques. Les prétentions exagérées, les calculs timides, tout se trouve aujourd'hui en défaut, et chacun voit avec surprise qu'il s'est donné une peine inutile, sans retrouver dans le traité de paix

une seule des stipulations qu'il avait jugées indispensables au bonheur du monde.

Les partisans du système d'agrandissement, accoutumés aux plans aussi ambitieux que mal com-
binés du dernier gouvernement, penchaient pour
ce qu'ils appellent les limites naturelles. Ils croyaient
que rien ne pouvait assurer la paix que des chaînes
de montagnes inaccessibles ou des fleuves d'un
cours rapide qui présentent de grandes difficultés
au passage.

D'autres personnes, plus modérées, avaient
pensé que des places fortes devaient être les
seuls boulevarts des états. Ces deux manières
de voir faisaient croire qu'il était impossible
que la France conservât seulement ses frontières de 1792; il fallait avancer dans la Belgique, dans l'Allemagne, jusqu'aux points où
se trouvent les limites prétendues nécessaires.
Les partisans des limites naturelles n'avaient pas
songé que la France ne se trouvait plus dans une
position à manifester de telles prétentions. Du côté
de la Belgique et de l'Allemagne, elles auraient
ajouté à l'ancienne circonscription un terrain immense que la France ne pouvait conserver sans dé-
ranger le plan d'un juste équilibre entre les forces
des différentes puissances de l'Europe.

D'ailleurs, jusqu'où ne pourrait point aller cette
base des limites naturelles chez un peuple à peine

encore revenu de la fureur des conquêtes ? Il les reculerait chaque année, suivant les progrès qu'il aurait faits sur le territoire de ses voisins. Le roi qui reconnaîtrait aujourd'hui le Rhin, les Pyrénées, les Alpes et le Jura pour limites, entreprendrait dans quelques années une guerre ambitieuse. Ses succès élèveraient ses vues ; bientôt l'Oder, l'Èbre, le Tage, et le Simplon, deviendraient pour lui des bornes tout aussi naturelles que celles obtenues par ses premiers succès. Tout dépendrait de sa position ; la force deviendrait encore la maîtresse du monde.

L'opinion des hommes qui fixent les places fortes pour ligne de démarcation, plus modérée peut-être, peut engendrer les mêmes malheurs. Il n'est rien dont ne puisse abuser un conquérant, quand il n'est pas retenu par un lien plus puissant que la terreur des armes. Il faut une force morale, bien supérieure aux considérations d'une politique ordinaire, une combinaison d'idées libérales et de plans bien digérés, qui associent les souverains entr'eux, et qui lie le sort de tous les peuples à celui de tous les rois.

Pour la première fois, elle est venue siéger au conseil, cette politique dont les hommes les plus sages n'avaient pas encore osé présager l'arrivée. Mais les révolutions préparent les révolutions. De la confusion, de l'oppression la plus inouie, et qui pesait sur toute la terre, est née une association aussi noble qu'elle était imprévue. C'est elle qui, faisant un partage, pour ainsi dire égal, des forces et des richesses des nations, assure aujourd'hui une paix dont la durée doit être d'autant plus longue que l'égalité des masses est mieux combinée.

Un seul homme encore avait conçu l'idée d'une pareille division des états. Henri iv avait formé le plan, qui paraissait alors chimérique, de former une république de toutes les puissances de l'Europe; il la divisait en quinze dominations et renonçait à tout agrandissement. Ce bon roi voulait engager les autres puissances à imiter son exemple; abandonnant tous ses droits sur l'Italie, il ne voulait avoir dans la république que l'autorité qui lui serait accordée par les confédérés, à la pluralité des voix.

L'Autriche tenait alors dans la balance de l'Europe la place que la France cesse aujourd'hui d'occuper. Henri voulait abaisser cette puissance gigantesque; c'était en augmentant les autres états, qu'il devait parvenir à l'exécution de son noble dessein. Un roi, qui conçut une pareille idée, était digne d'entrer dans l'auguste coalition qui a pu l'exécuter. Henri est mort; mais son génie semble avoir présidé au conseil où a été dicté l'heureux traité que nous admirons aujourd'hui. Petit-fils de Henri! glorifie-toi de la part que tu as obtenue dans le partage des dominations ; et vous, Français, songez que c'est Henri IV, votre souverain, un roi couvert de gloire, dont les alliés exécutent aujourd'hui les projets, après deux siècles d'oubli.

Henri IV voulait faire de l'Europe un partage différent, sans doute, de celui que deux cents années de déchiremens continuels viennent de dicter aujourd'hui ; il reconnaissait cinq dominations électives, les états du pape, l'empire, la Pologne, la Bohême et la Hongrie ; six héréditaires, la France, l'Espagne, l'Angleterre, le Danemarck, la Suède, et la Lombardie, dont on devait faire un royaume pour la maison de Savoie ; et quatre républiques, Venise, Gênes, la Suisse, et celle qu'il appelait Provinciale, parce qu'elle aurait été formée de dix-sept provinces des Pays-Bas.

Quelques-unes de ces puissances sont aujourd'hui rayées du tableau des nations ; elles ont subi le sort des états faibles : confondus avec d'autres peuples, les habitans de ces pays ne conservent plus qu'un souvenir presqu'effacé du rang qu'elles ont tenu dans la balance du monde ; mais si le partage n'est plus le même, le même esprit de justice et d'amour de la paix revit chez les alliés, parmi lesquels la France va tenir un rang toujours distingué, que lui assurent les sciences, les arts et la bravoure de ses enfans. Le but de Henri se trouve aujourd'hui rempli, puisqu'il n'en avait pas d'autre que d'assurer le bonheur de l'Europe.

Il avait bien songé que les puissances héréditaires, toujours plus inquiètes de la gloire future de leurs descendans, sont aussi celles où l'amour des conquêtes se fait le plus puissamment sentir. Il devenait important, dans une politique éclairée, qu'aucune d'elles ne pût asseoir les bases de sa prospérité sur la ruine des autres. Henri voulait donner le premier l'exemple de la modération; il imaginait un article positif, stipulant que les limites reconnues ne seraient jamais reculées.

Si le roi divin, qui avait médité un projet aussi sage, voulait ainsi assurer le repos des hommes, en mettant un frein à l'avidité des rois, il songeait en même temps à rendre les états électifs et républicains assez puissans pour empêcher, par leur force et leur union, les vues d'invasion si funestes aux sujets. Tout était prévu; des limites bien déterminées entre les quinze dominations, auraient prévenu tout sujet de guerre; mais l'idée la plus sublime de ce beau projet, était de juger dans un conseil souverain les différens des rois.

Quels monarques auraient osé entreprendre une guerre injuste? Quels chefs de république se seraient permis des vues spoliatrices, quand les rois, devenus leurs arbitres, auraient voué l'ambitieux à l'exécration des peuples; quand l'Europe en ar-

mes se serait soulevée pour la défense de l'oppri-
mé ? Un pacte aussi saint, entre tous les souverains,
serait devenu l'arche tutélaire où se seraient réfu-
giées les nations pour surmonter le torrent des
conquêtes.

Je suppose un moment que les alliés, dont les
plans, d'ailleurs, paraissaient fixés depuis long-temps,
eussent consenti à laisser la France en possession
d'une partie de ses conquêtes, et particulièrement
de celles qui paraissaient flatter le plus son orgueil et
s'approprier davantage à des convenances prétendues. Croit-on que Louis XVIII eût accepté ces
limites? Sans compter qu'une semblable conces-
sion eût détruit l'ensemble des plans adoptés et
dérangé le système d'équilibre ; il existait encore de
grands inconvéniens.

Un roi sage ne doit compter pour rien l'agrandissement de son territoire, malgré la population et les
richesses qu'il lui fait acquérir ; s'il doit craindre que
sa domination, quelque douce qu'elle soit, dé-
plaise à ses nouveaux peuples. Il est difficile de
détruire le caractère national ; il faut la succession
de plusieurs générations pour y parvenir. Si quelques hommes, d'un caractère doux et naturelle-
ment pacifiques, supportent sans murmure des lois
et des institutions nouvelles, on a tout à craindre
de ceux qui ont appartenu à une grande nation.
Ai-je besoin d'en donner ici des exemples? Où

sont les hommes que les flots de la révolution n'ont pas jetés dans tous les pays que Napoléon avait associés à ses destinées, suivant ses expressions ridicules? Qu'ont-ils vu dans la Belgique, dans l'Allemagne, dans l'Italie, autre chose qu'une haine décidée contre la domination française? Cette haine était comprimée sous le poids du colosse dont la terreur écrasait ces peuples; mais c'était un feu caché qui n'attendait qu'un souffle pur pour éclater; il est venu du nord, il a tout embrasé.

Il serait dangereux de penser que la puissance croît à proportion de l'étendue des états; les souverains épuisent leurs forces et leurs ressources en voulant conserver des provinces éloignées, toujours aussi difficiles à contenir qu'à défendre. Ils sont obligés de tenir sur le pied de guerre des milices nombreuses qui retirent des bras à l'agriculture et au commerce; si le succès couronne les entreprises au-dehors, l'intérieur languit par la dépopulation des campagnes et des villes.

Du reste, il est toujours difficile de soutenir des premiers succès; si les exemples fameux qu'en ont légués aux nations Charles VIII, Louis XII, François Ier., Charles-Quint et Philippe II, et plus récemment Louis XIV, ne peuvent suffire pour en convaincre, parcourons les fastes du dernier règne; Napoléon épouvantera les rois ambitieux.

Que de difficultés, en effet, se présentent, quand il s'agit de réunir à un peuple des hommes qui ont appartenu à une autre nation! Tout est différent, le sol, la situation, l'industrie, le caractère, les mœurs, les vertus, les vices mêmes. Une seule de ces choses suffirait pour séparer le corps de la nation de ces provinces nouvelles, étonnées d'un rapprochement qu'elles repoussent, quand la différence du langage ne serait déjà pas elle seule un obstacle presque invincible à une union parfaite. En effet, quel moyen d'amalgamer cette assemblée innombrable, composée d'hommes étrangers les uns aux autres par l'opinion, la religion et les mœurs?

Mais l'ambition conseille mal sur tous ces objets; elle ne voit que la domination qui étend son bras sur toutes les provinces, sans songer que de léger qu'il est, peut-être, pour les anciens sujets accoutumés à le souffrir, il devient pesant, insupportable même pour ceux qu'il vient d'atteindre. Cette ambition funeste cache ces vérités aux yeux des rois; ils s'engagent dans des vues téméraires et tombent écrasés sous le fardeau démesuré d'une couronne mal affermie. L'ignorance, la vanité, la présomption sont des écueils où trop de monarques avaient échoué d'âge en âge; il fallait des siècles pour amener une révolution dans la politique; elle est arrivée, et ses premiers effets s'élèvent en six mois au-dessus de ce que la sagesse des, hommes avait encore exécuté.

En ne considérant que les fautes des autres époques, que le respect et l'habitude avaient rendues sacrées; en n'envisageant que cette instabilité dans les cabinets des souverains, qui a distingué une trop longue suite de siècles, en jugeant enfin l'avenir d'après le passé, on pourrait concevoir des inquiétudes sur les limites actuelles. Où sera la protection des provinces frontières, si aucun fleuve, aucune crète innaccessible ne les sépare? Que la gnerre éclate encore, bientôt la désolation, le pillage, la mort vont devenir le partage des infortunés sujets du prince le moins vigilant, le moins audacieux ou peut-être le plus juste. Tel est le premier raisonnement qui se présente à des hommes dont la mémoire est encore remplie des exemples de tant de traités rompus, de tant de droits violés, de tant d'invasions aussi injustes qu'imprévues; mais pénétrons un moment dans l'intérieur des conseils, relisons les déclarations des alliés, méditons avec attention ce traité de paix, qui réunit dans un intérêt commun des peuples si long-temps divisés; que la connaissance du présent nous aide à préjuger ce qui se passera dans le congrès de Vienne; les inquiétudes vont cesser.

Est-il donc besoin que les nations se retranchent derrière des barrières redoutables et inaccessibles ; qu'elles deviennent chaque jour plus étrangères les unes aux autres ; et que la paix même nourrisse ainsi dans son sein le germe de la guerre ? Si la bonne foi était bannie de la terre, elle devrait se retrouver dans le cœur des rois, disait Louis XII. Cette bonne foi se trouve aujourd'hui dans celui de tous les monarques ; elle est née de la tyrannie, de l'oppression, de la fureur ; mais elle existe. Cette garantie vaut mieux pour les sujets que toutes les barrières que pourrait poser l'ambition ou la crainte.

En effet, lorsque ceux qui gouvernent sont parvenus, par une combinaison aussi désintéressée que sublime, à mettre un juste équilibre entre leurs puissances réciproques ; quand les auteurs de ce grand pacte se sont imposés à eux-mêmes l'obligation d'être équitables et pacifiques ; quand, enfin, l'intérêt du monde, fatigué par des secousses horribles, et corrigé par des exemples fameux, commande la paix et l'union, quelles frayeurs peuvent nous agiter encore ? Le bonheur de chaque état est sous la garantie commune. Aucun roi ne peut plus souffrir les desseins dévastateurs d'un nouveau conquérant ; l'équilibre serait détruit ; les peuples se précipiteraient encore les uns sur les autres ; et, de ce choc malheureux, renaîtraient la honte de quelques puissances et l'oppression de toutes.

De simples poteaux placés sur les frontières,

vont distinguer les peuples , mais ne les sépareront plus. Ils diront aux voyageurs : « Ici s'arrête l'or- » gueil et l'ambition des rois ». Les bornes qui indiqueront les limites des états, vont ressembler à celles qui désignent les champs du laboureur. Tout devient simple, tout prend un caractère sacré. Un buisson , une humble pierre assurent depuis des siècles les possessions des particuliers ; le soc et la faulx du cultivateur s'arrêtent devant cette modeste défense ; l'avidité recule à l'aspect de cette faible enseigne de la propriété que la loi couvre de sa main protectrice. Les limites des dominations vont aussi devenir redoutables sous l'égide des rois associés ; les armées les plus formidables n'oseront franchir un frêle poteau sans qu'il devienne pour elles un boulevard impénétrable, soutenu par l'Europe , toujours prête à punir la témérité.

Mais s'il était encore permis de supposer un moment que l'Europe entière , abandonnant son ouvrage, se coalisât contre la France après lui avoir rendu le bonheur ; cette France ne sera-t-elle donc plus ce qu'elle s'est montrée dans un temps où cette même Europe arma contr'elle des millions de soldats? Français, rappelez-vous avec orgueil les lignes de Denain ; souvenez-vous de vos exploits plus récens, et fiez-vous sur votre courage pour repousser les attaques injustes.

Si des hasards malheureux ramenaient le fléau

dévastateur que le but du traité est d'écarter pour toujours, Louis n'aurait encore rien à appréhender. Quelle est grande la puissance d'un roi qui ne compte parmi ses sujets que des hommes attachés à sa cause! Il n'a point à redouter ces désastres honteux causés par les défections ou les révoltes ; mais qu'il est déjà sûr de vaincre, le peuple qui combat sous un roi légitime , et que son intérêt le porte à chérir !

Gardez-vous, Français, de réveiller mal à propos cette ardeur qui vous entraîna trop long-temps dans les champs du désastre et du carnage. Le temps des convulsions est passé. Le repos des générations doit suivre cette commotion générale qui a porté sa fatale influence sur votre prospérité, sur vos usages , sur vos mœurs. Le globe a été ébranlé jusqu'à ses pôles.

Les nations que votre grandeur avait abaissées , n'ont point porté la vengeance dans vos murs ; elles ont voulu cette *indivisibilité* de votre patrie que vous avaient annoncée des hommes dont le but était de rompre tous les liens , de fouler aux pieds les monumens des arts, et d'effacer chez vous jusqu'au germe des vertus. C'est à des peuples que l'on n'a pas craint de nommer barbares que vous devez, en 1814 , ce qui était l'unique objet de vos désirs en 1790.

Mettez un moment les démagogues à la place

des alliés. Qu'auraient-ils fait? Ces trophées de votre vaillance, élevés à frais inouis ; ces monumens éternels de votre bravoure n'existeraient plus. Ils vous auraient humiliés dans vos affections les plus nobles, dans votre amour pour la gloire ; ils l'auraient fait derrière un retranchement d'un million de bras, au moment où ce coup vous aurait été le plus cruel ; au moment où la victoire venait de vous échapper après vingt ans de succès.

Pour apprécier la durée du traité qui doit aujourd'hui remédier à vos maux, jetez les yeux sur une époque encore présente à la mémoire. Les alliés sont à vos portes ; quand ils pourraient tout exiger, ils s'arrêtent devant vos faibles palissades ; ils préfèrent une capitulation à une entrée sanglante et terrible qui flatte l'espoir et l'orgueil des soldats, mais qui vous livre à sa fureur. Pour gage de leur union, et comme s'ils craignaient encore que vous pussiez douter de l'unité de leurs désirs, les souverains déposent en une seule main toute leur puissance ; Alexandre devient en même temps leur ministre et votre protecteur. Il a à venger l'insulte de la sainte Moscow ; mais son ressentiment s'éteint devant cette ville où aucun autre vainqueur encore n'avait vu flotter ses étendards. Il respecte en vous le souvenir de votre gloire. Quelles sont les couleurs qui parent les dômes de vos édifices ? Celles qui doivent vous honorer le plus, l'enseigne des lys qui vous rappelle des époques si brillantes!

Paris offre le spectacle, inoui et admirable à la fois, d'un peuple conquis sous les armes au milieu des vainqueurs sans inquiétude; de vingt nations, amies dans la guerre; de tous les souverains unis dans un conseil pour discuter les intérêts du monde. La prospérité de la France va devenir essentielle, indispensable même au bonheur du Moscovite; les intérêts des peuples du Tibre ne seront plus étrangers à ceux des habitans des bords du Danube.

Si quelques provinces ont eu à souffrir des maux inséparables d'une invasion, combien les alliés n'ont-ils pas cherché à en effacer jusqu'au souvenir? Sans parler ici de ces abandons généreux des sommes qu'ils auraient à réclamer pour des obligations que leur position actuelle rendait sacrées à la France, ils pouvaient vous appauvrir. Quels autres conquérans n'auraient pas exigé la destruction de ces arcs de triomphes, de ces obélisques où l'art, esclave de la tyrannie, semble s'être plu à humilier la majesté des rois? L'ont-ils fait? où sont les ruines qui indiquent leur passage? où sont les traces d'un torrent qui aurait pu tout dévaster? Il semble ne s'être répandu sur votre territoire que pour y ramener l'abondance et le repos: Il menaçait de tout entraîner dans sa course effrayante; mais une main bienfaisante en dirige le cours ; il se retire sans bruit comme il a séjourné sans désastre.

Les alliés n'avaient pas tous également intérêt à vous priver des monumens de votre gloire. Alexandre n'avait point encore fourni au ciseau des artistes des sujets semblables à ceux qui ont insulté l'empereur d'Autriche et le descendant de Fréderic ; mais sa cause devenait commune à celle de tant de têtes couronnées. Il pouvait renverser cette colonne fastueuse dont la tête s'élève avec tant d'audace, et dont l'explication fait dire à l'étranger : « Ici je fus dépouillé » ; au citoyen : « là » je perdis mon frère », et qui, chez la postérité, ne devait rappeler cependant que l'abaissement des souverains et le nom d'un seul homme désigné d'avance à l'admiration des siècles, par une inscription orgueilleuse.

N'allez pas, d'après ces réflexions, vous hâter de redevenir Vendales. Ne brisez pas de vos propres mains les trophées que vous avez élevés : les nations les ont respectés ; ils sont sous la protection du monde. La France redevenue libre, après un long esclavage, a besoin de ses souvenirs ; il faut à un grand peuple de grands monumens ; mais nationalisez vos édifices qui semblaient ne porter que la livrée du despotisme. Substituez aux chiffres d'un seul homme ceux des héros chers à votre patrie dans tous les temps, et si vous entreprenez jamais une guerre juste, immortalisez la gloire de vos guerriers morts en imitant la simplicité des Grecs. Qu'une simple colonne de marbre dise : « A telle bataille moururent, en protégeant la » patrie, l'honneur et le roi, N., N., nos frères » et nos amis ».

Que devons-nous admirer le plus ou du changement subit opéré dans le système de l'Europe, ou de ce désintéressement sans exemple des alliés envers les Français ? Quels autres rois que ceux qui commandent aujourd'hui l'admiration de la terre, étaient capables d'aussi sublimes efforts ? mais aussi quel monarque plus digne d'en être l'objet que le frère de l'infortuné Louis XVI ? La Bavière, le Wirtemberg, la Saxe, la Prusse et l'Autriche n'auront point à craindre de sa part des projets ambitieux, des ressentimens éternels. Les états de l'Allemagne, indépendans et unis par un lieu fédératif, ne seront plus sous la tutelle humiliante d'un protecteur étranger. On ne leur prêtera plus un honteux appui pour empêcher leur retour à leurs anciens nœuds ; on ne les sacrifiera plus à la fureur des peuples autrefois leurs amis.

La bonne foi du roi de France n'est point suspecte. Il a vécu long-temps ignoré de ses sujets ; mais il est connu des rois qui ont admiré sa sagesse. Ils ont visité le modeste palais où il observa pendant quinze années dans le silence et le recueillement, les erreurs de la présomption, et les faux calculs de la cupidité. Les alliés peuvent donc sans crainte, comme sans garantie, remettre en ses mains un sceptre encore effrayant pour eux s'il était confié à un homme moins prudent.

Louis XVIII ne regrettera point les limites que la fureur et l'orgueil traçaient à Rastadt, à Lunéville, à Amiens. Il ne désirera point cet échafaudage gigantesque d'une grandeur toujours prête à s'écrouler par les agitations du globe; il se contentera de l'héritage glorieux de ses ancêtres. Moins ambitieux que Louis XIV, plus sage que Louis XV, et plus ferme dans ses desseins de prospérité qu'un roi victime de son amour pour ses sujets, il saura profiter des grands exemples que lui ont donné ses aïeux; il évitera également les fautes d'une politique trop entreprenante et l'indécision funeste d'un conseil trop irrésolu.

Mais si les alliés ne peuvent plus reconnaître cette France telle qu'elle était au commencement de 1813, quand son pavillon flottait orgueilleusement depuis Brest jusqu'aux bouches du Weser; si l'intérêt de tous les peuples commande la reddition légitime de la forteresse d'Hambourg, l'abandon de la flotte du Texel et le désarmement du port d'Anvers : si Mayence ne doit plus redevenir, pour les Français, le point redoutable duquel ils peuvent partir pour tenir sous leur domination les états confédérés ; cette France aussi n'a plus à redouter ces conditions flétrissantes que lui imposèrent ses ennemis sous un règne dont les commencemens furent aussi brillans que la fin en fut désastreuse. Cherbourg, Dunkerque, ne sont plus l'objet d'une honteuse stipulation. Les Anglais, entraînés par la magnanimité d'Alexandre, viennent effacer eux-mêmes la trace de l'affront. La liberté des mers, une juste distribution des forces maritimes, la restitution de presque toutes les colonies, celle des comptoirs et établissemens de tout genre dans les mers et les continens de l'Amérique, de l'Afrique et de l'Asie, telles seront les conditions de cette paix.

Quand l'Angleterre aurait le plus grand intérêt à s'emparer du commerce exclusif des denrées de l'Amérique et de l'Inde ; quand elle pourrait calculer sur les bénéfices immenses d'un impôt dont l'habitude et le besoin s'empresseraient de se rendre tributaires ; elle devient grande comme son état de prospérité le lui permet, généreuse comme celui qui lui donne un si bel exemple. Les souverains qu'un seul homme divisa pendant dix années se réunissent aujourd'hui pour rivaliser de désintéressement. La Guadeloupe et la Guiane vont se réunir aux possessions que l'Angleterre remet à Louis. Chaque grand architecte apporte une pierre pour la réédification du monument.

La France recouvre son indépendance, le monde son équilibre.

La générosité des cours ne se borne pas à renoncer à tout droit de conquête. Il entre dans leur politique de ne point profiter contre la France des frais énormes qu'elle a faits pour soutenir une splendeur usurpée. Un partage, tout à son avantage, lui redonne des vaisseaux déjà conquis, des munitions auxquelles elle ne devait plus prétendre. Une stipulation expresse annonce au monde qu'Anvers va devenir uniquement un port de commerce. Les nations réunies vont encore profiter d'un avantage dont aurait pu jouir une seule. Ces vastes bassins destinés pour la guerre, ces ateliers immenses où des milliers de bras fabriquaient chaque jour les instrumens de la mort, vont devenir le refuge des vaisseaux de toutes les mers, le rendez-vous de tous les étrangers. Ils y trouveront un abri tutélaire, naguères ils fuyaient leur approche. C'est Charybde transformée en une île hospitalière qui invite au repos le navigateur épouvanté du long aspect du naufrage.

Que désire l'Angleterre? Que demande la sublime coalition des souverains pour les concessions qu'ils font à la France (je dois nommer ainsi la restitution des possessions des Deux-Indes)? l'abandon de quelques îles dont ils auraient pu augmenter le nombre.

Mais Louis, pour dédommagement de ces sacrifices, sera-t-il obligé de souscrire à des obligations onéreuses pour ses peuples, humiliantes pour la dignité de la couronne? Non. Les monarques qui traitent avec lui sont aussi justes que leur caractère est auguste. C'est l'arrangement d'une famille de frères pour l'héritage du monde. Aucun ne peut prétendre à un avantage qui déshonorerait son frère. On accepte les conditions que chaque membre de cette illustre communauté veut s'imposer lui-même, et la France promet uniquement de chercher à établir une union intime entre les peuples. Elle n'éveillera point l'inquiétude des Anglais en fortifiant les limites de ses possessions dans l'Inde; elle n'entretiendra d'autres forces, sur ce point du continent, que celles indispensables pour le maintien de la tranquillité.

Les limites des possessions des Indes vont ressembler à celles de l'Europe du côté de la Belgique, de l'Allemagne et de la Savoie. Les peuples se sont devinés; ils se lient par une chaîne immense. La même tête semble avoir combiné toutes les idées pour les employer au repos de l'humanité fatiguée.

Les cabinets des alliés ne s'effaroucheront plus de cet esprit d'envahissement qui a distingué les Français pendant tant d'années. Le délire est apaisé. Un pilote expérimenté, mûri par le spectacle malheureux des orages, prend aujourd'hui d'une main aussi ferme que savante, le timon de l'état. Sa tête, calme comme son cœur, saura découvrir les écueils et les éviter. C'est encore Henri iv resaisissant son domaine après une longue suite de troubles ; c'est l'esprit de Sully apparaissant au ministre et lui prodiguant ses lumières.

Mais quels nouveaux bienfaits découlent de cette époque surprenante ? Ses effets se font ressentir jusques sous la zone torride ; et qui va donner l'idée de cette nouvelle révolution ? un monarque aussi éclairé que sage. La vue d'un trafic horrible l'a justement révolté. Noirs habitans de la Guinée, un Français, dont vous ne soupçonnez pas l'existence, veille, du fond de l'Europe, à vos intérêts les plus chers ! Il vous réhabilite au rang des hommes ; une infâme spéculation vous en avait fait descendre. Vous étiez ravalés à l'égal de la brute ; la philosophie efface de sa main libérale l'arrêt que l'avarice porta contre votre faiblesse. Vous ne serez plus destinés, dès l'enfance, à quitter vos huttes sauvages, mais où la liberté respire, pour venir engraisser de vos sueurs les sillons de vos maîtres indolens. La cruauté la plus inouie ne vous condamnera plus aux travaux des animaux abjects. On ne vous verra plus expirer sous le fouet meurtrier d'un maître plus atroce que les bourreaux qui vous déchirent, et le fisc n'autorisera plus votre trépas, en condamnant à une simple amende le maître qui vous fit succomber sous les coups de vos féroces flagellateurs. Louis en prend aujourd'hui l'engagement solennel; dût-il être le seul monarque du monde qui voulût s'arrêter à ce projet sublime, seul il l'exécutera. Il a senti qu'un roi peut tout entreprendre pour le bonheur des peuples; il doit lui sacrifier son repos, sa vie; mais il ne disposera point d'un bien sacré pour tous les hommes, de cette liberté dont vous appréciez si bien le bonheur, de cette liberté dont les nations civilisées ne vous ont privés, peut-être, que parce qu'elles n'en n'ont jamais bien connu l'inestimable prix.

Si Raynal plaida, avec autant d'éloquence que peu de succès, votre cause trop fameuse au tribunal de l'opinion publique; c'est le tribunal des rois qui vous absout aujourd'hui. Mais les traces de longs malheurs retardent encore l'accomplissement d'un vœu qui deviendra bientôt celui de toutes les puissances. Ne rejetez les causes de ce retardement que sur les hommes insensés qui ne remirent naguères entre vos mains cette liberté chérie que pour vous en indiquer un usage funeste.

Il fallait vous renvoyer dans vos brûlans climats, ou n'alléger que peu à peu le fardeau de vos chaînes. Long-temps comprimés sous un joug insupportable, le premier pas vers la qualité d'homme vous rendit indomptables et barbares. Trop peu instruits et trop malheureux pour connaître les nuances entre la liberté absolue et l'anéantissement complet de toute volonté, vous vous laissâtes entraîner à tous les excès dont on vous donna l'exemple, sans prévoir quelle serait la fin de cette effervescence fatale.

Que n'exécuta-t-on alors le projet qui devient aujourd'hui une proposition si célèbre du congrès? En abolissant la traite des noirs, on posait les bases de la liberté future de tous les hommes. C'était à la racine qu'il fallait attaquer le mal qui pèse sur l'Afrique. On s'est élancé dans une entreprise d'autant plus funeste qu'on en avait moins prévu les horribles conséquences.

Plus on lit, plus on médite ce traité surprenant, plus l'âme s'élève vers ses inappréciables auteurs. Chaque article semble être le fruit d'une longue réflexion. On serait tenté de croire que c'est le simple, mais sublime *projet* d'un ministre profond, animé de toutes les idées libérales. Que l'on mette en regard les traités d'Amiens, de Lunéville, de Tilsitt; quelle différence dans les stipulations! d'un côté, les sacrifices de toute espèce; les peuples enchaînés, forcés de renoncer à leur affection pour leur prince; la force et la stupeur dictant des closes que la diplomatie s'empresse d'effacer. Ici, la politique semble n'avoir rien conseillé ; on n'aperçoit aucune trace des intérêts des cours ; une douce philantropie semble avoir gravé chaque page sous la dictée de la raison. Plùs de ces clauses ambiguës, motifs éternels de mésintelligence. Les souverains s'accordent et l'humanité respire.

Américains, et vous, peuples de la Norwège, abandonnez aussi vos projets sanguinaires. Déposez ces armes terribles, dont le sort offre des chances si périlleuses. Venez inscrire vos noms déjà fameux dans le grand contrat des nations. L'Angleterre, la Suède seront-elles envers vous moins magnanimes qu'envers la France ? Un lien de plus semble devoir vous unir ; les Français leur étaient étrangers, vous combattez contre vos pères.

Et vous, Français, revenus de vos erreurs, rendus à vos anciennes institutions, reconnaissez l'abus des secousses politiques. Défiez-vous de ce goût fatal des changemens ; défiez-vous encore plus de quelques esprits turbulens, qui ne cherchent qu'à vous égarer. Si vingt ans de désastres et de crimes ne suffisent pas pour vous convaincre, lisez les malheureuses révolutions d'Angleterre, que vous n'avez que trop long-temps imitées. Vos coryphées de 1792 avaient voulu faire de vous des Romains ; vous devîntes, sans le vouloir, des Anglais féroces du dix-septième siècle, et vos dissensions ressuscitèrent Cromwell.

Vous avez lutté vingt ans pour vous retrouver au point d'où vous étiez parti!.... Grand exemple pour les hommes qui voudront encore soulever les états.

Rappelez dans votre sein les ressources qui découlent de la paix; rappelez-y les arts. Que les muses se gardent de croire qu'il n'existe plus pour elles d'occasions de se distinguer.

Le ciseau des Houdon, des Le Sueur, des Gérard; le pinceau des David et des Guérin ne peuvent pas être bornés à l'ornement des maisons des simples citadins; mais les peuples ne peuvent-ils admirer que ce qui leur fait peur! Les arts ne doivent-ils jamais s'exercer que pour l'ambition des rois? Enfin le spectacle des nations enchaînées, des générations immolées les unes sur les autres, sont-ils donc les seuls objets nécessaires pour attester la grandeur des états?...

La paix sait aussi fournir aux artistes des sujets dignes d'exciter dans leurs âmes une noble émulation. Les arts sont nés libres ; la liberté renaît avec la paix. Le peintre, le poëte, le sculpteur ne doivent les chefs-d'œuvres qu'à leur imagination. Toute contrainte étouffe le génie ; cette contrainte vient de disparaître avec la tyrannie. C'est dans la paix, dans le silence des écoles et de la méditation, que se sont formés tant d'artistes fameux. Si les peintres n'ont plus à représenter à nos yeux le spectacle des massacres et des trahisons ; s'ils ne sont plus contraints d'enchaîner les élans du génie ; si les écrivains, dégagés d'entraves odieuses, peuvent faire revivre la *république* morale au sein même de la monarchie politique ; si enfin le ciseau du sculpteur ne se trouve plus resserré dans les bornes étroites d'un art purement conventionnel et de commande ; quel vaste champ les arts ne voient-ils pas s'ouvrir devant eux ? Quand les artistes n'auraient pas les sujets sacrés ; s'ils craignaient de devenir, en ce genre, les émules des grands hommes qui ont enrichi l'Europe de tant de productions divines tirées de cette source vaste et pure, n'ont-ils pas à retracer les faits mémorables qui viennent de rendre notre époque si éminemment remarquable, et qui donnent à cette partie de l'histoire un caractère distinct et sublime ? Alexandre, contenant, d'un seul regard, des armées entières, animées de l'espoir du pillage, devenant le père d'une nation qui a porté chez lui l'outrage et la mort, n'est-il pas un objet digne d'exciter l'enthousiasme et d'élever le génie ?

Un roi proscrit, conquérant son domaine sans armée, et par la seule force de la justice et de l'amour de ses sujets, n'est-il pas l'objet le plus touchant, comme le plus rare dans les annales du monde ?

Enfin, les Français n'ont-ils pas à présenter au respect de leurs concitoyens et de la postérité les

statues des grands hommes qui ont illustré la nation? Où sont-elles? S'il en existe quelques-unes,
elles sont destinées à l'ornement des palais dont
l'entrée est défendue au peuple; elles y servent
plutôt d'ornemens accessoires que d'objets de vé-
nération.

Les Français devront aux alliés, il devront à la
paix le retour à la reconnaissance nationale, qu'ils
semblaient avoir négligée, pour s'anéantir eux-
mêmes devant l'étranger qui s'était fait l'arbitre de
leur génie, comme de leurs destinées.

Si le traité du 30 mai porte quelques coups particuliers, il a posé les fondemens du bonheur gé-
néral. Or, tout est bien pour l'homme sensé, fût-il
victime, lorsque la masse du bien surpasse celle
du mal.

FIN.